postres con helado

Con la llegada del buen tiempo, llega también el momento ideal para servir un buen postre con helado. Hay muchos sabores donde elegir, por lo que no es muy difícil combinarlos con frutas frescas, frutos secos, chocolate, mermeladas o especias. Casi todas las propuestas que presentamos en este libro de la colección "30 recetas en 30 minutos", desde las más simples hasta las más elaboradas, son muy fáciles. Así da gusto cocinar y preparar en un momento un postre exquisito que hará las delicias de todos.

postres con

Índice

* recetas con paso a paso

helado

1 Helado de menta con crocanti de piñones

Ingredientes

- 200 g de azúcar glas
- 1 cucharada de mantequilla
- 80 g de piñones
- 1,5 dl de café fuerte
- 4 bolas de helado de menta

Preparación

1. Cocer la mitad del azúcar con media taza de agua hasta obtener un caramelo. Verterlo sobre un mármol untado con mantequilla y espolvorear por encima los piñones ligeramente tostados.
2. Cortar la placa formada en triángulos y reservar. Cocer el azúcar restante con el café durante 10 minutos. Retirarlo del fuego y dejarlo enfriar.
3. Distribuir el helado de menta en cuatro copas individuales, regarlo con el almíbar de café y decorar con los triángulos de crocanti.

2

Helado con salsa de naranja

Ingredientes

- 2 bolsitas de té negro
- 2 cucharadas de azúcar
- 1 ramita de canela
- 1,5 dl de zumo de naranja
- 1 cucharadita de ralladura de naranja
- 1 naranja
- 600 g de helado de vainilla

Preparación

1. Hervir 2,5 dl de agua con la canela, añadir el té, tapar y apagar el fuego. Dejar en infusión durante 10 minutos.
2. Colar y mezclar el té obtenido con el azúcar, el zumo y la ralladura de naranja. Cocerlo a fuego lento hasta que quede reducido a la mitad.
3. Pelar la naranja al vivo, separar los gajos y agregarlos a la preparación anterior. Reservarlo en el frigorífico hasta el momento de servir.
4. Formar bolas con el helado, colocarlas en copas y servirlas regadas con la salsa muy fría.

3 Helado con plátano frito

Ingredientes

- 4 plátanos maduros
- 2 cucharadas de mantequilla
- 1 cucharada de miel
- 600 g de helado de nata
- 2 cucharadas de brandy
- 4 cucharadas de mermelada de moras
- 4 cucharadas de anacardos picados

Preparación

1. Pelar los plátanos, cortarlos en dados y freírlos con la mantequilla en una sartén antiadherente. Dejarlos escurrir sobre papel absorbente de cocina.
2. Distribuirlos en copas individuales y regarlos con la miel.
3. Colocar una bola de helado encima de los dados de plátanos y regar con la mermelada de moras diluida en el brandy.
4. Espolvorear con anacardos picados y servir.

4 Helado con salsa de frambuesa

Ingredientes

- 4 cortes de helado de frambuesa
- 4 cortes de helado de nata
- 8 cucharadas de mermelada de frambuesa
- 4 cucharadas de leche condensada
- 1 cucharada de brandy
- 4 moras
- unas hojas de menta

Preparación

1. Con un cortapastas, formar 4 círculos de cada tipo de helado. Colocar los discos de helado de frambuesa en los platos y disponer encima el helado de nata.
2. Calentar la mermelada con el brandy, pasarla por el chino y verterla alrededor del helado. Rociar con unas gotas de leche condensada y, con la ayuda de un tenedor, hacer arabescos con la leche condensada.
3. Decorar con las moras y unas hojas de menta. Servir enseguida.

5 Crema de chocolate con helado de piña

Ingredientes

- 4 cucharadas de cacao en polvo
- 1 bote de leche condensada
- 2 cucharadas de maicena
- 2 yemas de huevo
- una pizca de azúcar avainillado
- 8 bolas de helado de piña
- 2 rodajas de piña fresca
- chocolate rallado

Preparación

1. Batir 5 dl de agua con el cacao, la leche condensada, la maicena y las yemas.
2. Colocarlo en un cazo y cocer, sin dejar de remover, hasta que espese. Aromatizar con el azúcar avainillado y distribuirlo en copas individuales. Reservar en el frigorífico durante 10 minutos.
3. Colocar dos bolas de helado de piña en cada copa, añadir unos trocitos de piña fresca y espolvorear con el chocolate rallado. Servir enseguida.

6 Helado de limón con panqueques

Ingredientes

- 1 taza y 1/2 de leche
- 2 huevos
- 3 cucharadas de mantequilla
- 3 cucharadas de harina
- 3 cucharadas de semillas de sésamo
- 4 bolas de helado de limón

Preparación

1. Batir la leche con los huevos, la harina y 2 cucharadas de mantequilla reblandecida.
2. Verter un cucharón de masa en una sartén pequeña antiadherente, previamente untada con mantequilla.
3. Espolvorear con semillas de sésamo, darle la vuelta y dorarlo por el otro lado. Preparar del mismo modo el resto de panqueques hasta agotar la masa.
4. Doblar los panqueques formando una flor y servirlos con bolas de helado de limón.

7 Macedonia tropical con helado

Ingredientes

- 2 plátanos
- 1 mango
- 2 rodajas de piña al natural
- 1 racimo de uva negra
- 4 bolas de helado de piña
- 4 cucharadas de miel

Preparación

1. Pelar los plátanos y el mango y cortar la pulpa en dados pequeños. Escurrir la piña y cortarla en trocitos.
2. Lavar las uvas, separar los granos y retirar las semillas. Mezclar las frutas y distribuirlas en copas individuales.
3. Colocar una bola de helado encima de las frutas, regar con la miel y servir.

8 Crema de queso con helado

Ingredientes

- 2 dl de vino dulce
- 150 g de azúcar
- 100 g de queso fresco para untar
- 2 dl de nata líquida
- 4 bolas de helado de nata
- unas hojas de menta

Preparación

1. En un cazo pequeño, cocer el vino con 1,5 dl de agua y la mitad del azúcar hasta que haya reducido a la mitad. Reservar.
2. Mezclar en otro recipiente el queso, la nata y el azúcar restante. Calentarlo al baño María, sin dejar de remover, hasta obtener una crema uniforme.
3. Distribuir la crema de queso caliente en copas, colocar encima una bola de helado y regar con la salsa de vino. Decorar con hojas de menta y servir.

9 Helado de fresa con sabayón

Ingredientes

- 4 yemas de huevo
- 4 cucharadas de azúcar glas
- 6 cucharadas de vino dulce
- 1/2 vaina de vainilla
- 16 fresones
- 4 bolas de helado de fresa
- unas hojas de menta

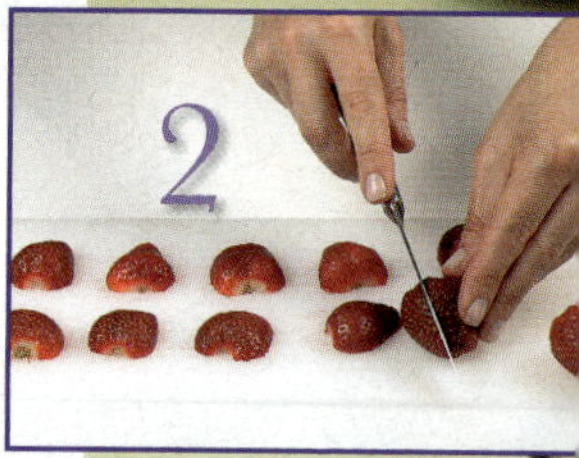

Preparación

1. Batir las yemas con el azúcar hasta obtener un compuesto cremoso y blanquecino. Añadir 4 cucharadas de vino y las semillas de la vaina de vainilla. Cocer a fuego lento o al baño María, sin dejar de remover, hasta obtener una crema espesa y uniforme. Retirar del fuego y dejar enfriar, removiendo sin parar.
2. Lavar y limpiar los fresones. Cortarlos por la mitad y regarlos con el vino dulce restante.
3. Verter 2/3 del sabayón en cuatro copas individuales y colocar encima las bolas de helado.
4. Regar con el sabayón restante y, por último, decorar con fresones y hojas de menta.

10 Helado con salsa de moras

Ingredientes
- 125 g de azúcar
- 400 g de moras
- 4 bolas de helado de chocolate blanco
- 4 porciones finas de bizcocho

Preparación
1. En un cazo, cocer el azúcar con 1,5 dl de agua, a fuego lento, hasta obtener un almíbar no muy espeso.
2. Añadir las moras limpias y lavadas. Cuando vuelva a hervir, dejar cocer durante 3 minutos y retirar del fuego. Dejar enfriar.
3. Servir las bolas de helado de chocolate blanco acompañadas de la salsa de moras y el bizcocho.

11 Copas paraíso

Ingredientes

- 8 bizcochos de soletilla
- 2 plátanos
- 1 vasito de ron
- 1 dl de zumo de uva
- 4 bolas de helado de frutos del bosque
- 4 bolas de helado de vainilla
- 4 bolas helado de café
- 4 cucharadas de salsa de chocolate
- 2 cucharadas de almendras fileteadas
- 1 limón
- 4 barquillos

Preparación

1. Pelar los plátanos, cortarlos en rodajas y rociarlas con un poco de zumo de limón. Trocear los bizcochos y colocarlos en el fondo de 4 copas. Añadir el plátano y regar con el ron mezclado con el zumo de uva.
2. Distribuir 3 bolas de helado de diferentes sabores en cada copa. Regar con la salsa de chocolate y espolvorear con las almendras fileteadas. Servir con los barquillos.

12 Crêpes con helado y natillas de chocolate

Ingredientes

Pasta

- 160 g de harina
- 1 cucharada de azúcar
- 2 huevos
- 3,5 dl de leche
- 1 cucharada de mantequilla • sal

Natillas

- 4 dl de leche • 100 g de azúcar • 4 yemas de huevo • 80 g de pasas
- 100 g de chocolate fondant • 1 vaso de nata líquida • 4 bolas de helado de irish coffee

Preparación

1. Mezclar todos los ingredientes de la pasta y dejarla reposar 30 minutos. Dorar las crêpes por los dos lados en una sartén antiadherente untada con mantequilla.
2. Colocar las crêpes sobre boles volcados boca abajo, introducirlos en el horno, precalentado a 180° C, y cocer durante 8 minutos, para darles forma de cestas. Dejar enfriar.
3. En un cazo, batir la leche con el azúcar y las yemas. Colocarlo al fuego y cocer, sin dejar de remover, hasta que espese. Añadir las pasas y el chocolate rallado y remover hasta que se haya disuelto.
4. Dejar enfriar, incorporar la nata líquida y guardar en el frigorífico. Colocar una bola de helado en cada crêpe y regarla con un poco de natillas de chocolate.

13 Copas de helado con chips de frutas

Ingredientes

- 150 g de azúcar
- 2 carambolas
- 2 caquis Persimon
- 8 bolas de helado de chocolate

Preparación

1. Cocer el azúcar con media taza de agua durante 10 minutos a fuego lento. Retirarlo del fuego y dejarlo enfriar.
2. Cortar las carambolas y los caquis en rodajas y pasarlas por el almíbar. Colocarlas en una bandeja de horno forrada con papel de aluminio y cocerlas en el horno, precalentado a 100° C, hasta que se sequen.
3. Distribuir bolas de helado en copas individuales y acompañarlas con los chips de carambola y caqui.

14 Helado con salsa de albaricoque

Ingredientes

- 1 kg de albaricoques
- 100 g de azúcar
- 1 vasito de brandy
- 1 dl de zumo de naranja
- 4 bolas de helado de vainilla
- 1 taza de nata montada
- jarabe de grosella (opcional)

Preparación

1. Pelar los albaricoques, cortarlos por la mitad y retirarles el hueso. Reservar algunos para decorar.
2. En un cazo, introducir los albaricoques junto con el azúcar, el brandy y el zumo de naranja. Cocerlos a fuego bajo hasta que estén tiernos y triturarlos.
3. Distribuir la salsa de albaricoques en 4 platos, colocar encima una bola de helado y decorar con nata rociada con unas gotas de jarabe de grosella y gajos de albaricoque.

15 Helado de café con galletas de almendra

Ingredientes

- 40 g de almendras crudas y peladas
- 100 g de mantequilla
- 2 cucharadas de miel
- 75 g de azúcar
- 15 g de harina
- 150 g de chocolate fondant
- 4 bolas de helado de café

Preparación

1. Moler las almendras hasta obtener una harina gruesa. Mezclarla con 75 g de mantequilla, la miel, el azúcar y la harina. Dejarlo en el frigorífico hasta que esté bien frío.
2. Con una cuchara pequeña, distribuir porciones de masa en una bandeja de horno forrada con papel sulfurizado. Introducir en el horno, precalentado a 180° C, y cocer hasta que las galletas estén doradas.
3. Rallar el chocolate y derretirlo al baño María sin dejar de remover. Añadir la mantequilla restante y mezclar bien.
4. Servir las bolas de helado decoradas con las galletas de almendra y la salsa de chocolate.

16 Helado de coco con crujiente de coco

Ingredientes

- 125 g de coco rallado
- 5 cucharadas de azúcar
- 2 cucharadas de mantequilla
- 4 bolas de helado de coco
- corteza de naranja confitada

Preparación

1. Mezclar el coco rallado con el azúcar. Incorporar la mantequilla derretida y mezclar de nuevo. Extenderlo uniformemente en una bandeja de horno forrada con papel sulfurizado.
2. Introducir en el horno, precalentado a 180° C, y cocerlo hasta que esté dorado. Desmenuzar el crujiente con la ayuda de un tenedor.
3. Disponer las bolas de helado en copas individuales y espolvorear por encima con el crujiente de coco. Decorar con la corteza de naranja confitada cortada en juliana.

17 Helado festivo

Ingredientes

- 1 bote de melocotones en almíbar
- 6 cucharadas de mermelada de frambuesa
- 4 bolas helado de almendras
- 4 bolas de helado de yogur
- 80 g de almendras fileteadas

Preparación

1. Introducir en un cazo 1,5 dl del almíbar del melocotón con la mermelada y cocer a fuego bajo durante 4 minutos. Dejarlo enfriar.
2. Distribuir un poco de la salsa en 4 platos o copas, colocar encima dos medios melocotones y sobre éstos una bola de helado de almendras y otra de helado de yogur.
3. Espolvorear con las almendras y regar con el almíbar restante.

18 Bombas de crocanti al chocolate

Ingredientes

- 40 g de almendras crudas peladas
- 120 g de azúcar
- 150 g de chocolate fondant
- 750 g de helado de vainilla

Preparación

1. Tostar las almendras peladas en el horno bien fuerte y removerlas de vez en cuando para que queden doradas por igual. Calentar el azúcar en una sartén antiadherente, a fuego fuerte, hasta que esté a punto de caramelo.
2. Incorporar las almendras y remover bien de modo que queden bien cubiertas con el caramelo. Extender el crocanti obtenido sobre el mármol para que se enfríe.
3. Derretir el chocolate al baño María. Trocear el crocanti no muy fino con un cuchillo y mezclarlo con el chocolate.
4. Formar bombas con el helado, cubrirlo con el chocolate y guardarlo en el congelador hasta el momento de servir.

19 Helado de mango al cacao

Ingredientes

- 8 bizcochos de soletilla
- 4 cucharadas de licor de cacao
- 2 cucharadas de mantequilla
- 80 g de azúcar
- 3 cucharadas de chocolate en polvo
- 2 cucharadas de miel
- 12 bolas de helado de mango

Preparación

1. Colocar en el fondo de cada copa 2 bizcochos troceados y rociarlos con el licor.
2. Mezclar en una cacerola, la mantequilla reblandecida con el azúcar, el chocolate y la miel. Colocarlo en el fuego y calentarlo, sin dejar de remover con unas varillas, hasta que espese.
3. Distribuir tres bolas de helado de mango en cada copa, regar con la salsa y servir enseguida.

20 Melón con helado de moras

Ingredientes

- 2 melones Cantalupo o Galia bien fríos
- 1 cucharada de ron
- 4 bolas de helado de moras
- moras para decorar

Preparación

1. Lavar y secar los melones. Cortarlos por la mitad a lo ancho en forma de zigzag. Retirar las semillas y los filamentos del interior y extraer la pulpa con una cuchara.
2. Triturar la pulpa hasta obtener un puré y mezclarlo con el ron. Rellenar las mitades de melón con la pulpa y colocar encima las bolas de helado. Decorar con moras y servir.

21 Cestitas de almendra con helado

Ingredientes

- 600 g de helado de tutti-frutti
- 250 g de azúcar
- 400 g de almendras crudas y peladas
- 1 cucharada de mantequilla
- hojas de menta

Preparación

1. Distribuir el helado en pequeños moldes individuales forrados con film transparente y guardarlos en el congelador.
2. Hervir el azúcar con 1,5 dl de agua hasta obtener un caramelo claro. Tostar las almendras y picarlas no muy finas. Incorporarlas al azúcar y mezclar muy bien. Verterlo enseguida sobre el mármol untado con mantequilla y extenderlo con un cuchillo formando una capa fina y uniforme.

3. Cortarla en círculos con un cortapastas antes que se enfríe completamente y colocarlos sobre la base de unos moldes iguales que los del helado untados con aceite. Dejar enfriar y desprender las cestitas de los moldes.
4. Rellenar las cestitas con el helado y decorar con hojas de menta.

22 Batido de limón con helado de almendra

Ingredientes

- 2 limones
- 5 cucharadas de miel
- 1 vasito de vodka
- 300 g de helado de almendra
- 8 cubitos de hielo picados
- nata montada

Preparación

1. Exprimir los limones y verter el zumo colado en el vaso de la batidora. Añadir la miel, el vodka, 1,5 dl de agua helada, el helado de almendra y el hielo.
2. Batir muy bien y servir en copas, enfriadas previamente en la nevera. Decorar con nata montada y tiritas de piel de limón.

23 Batido de fresas

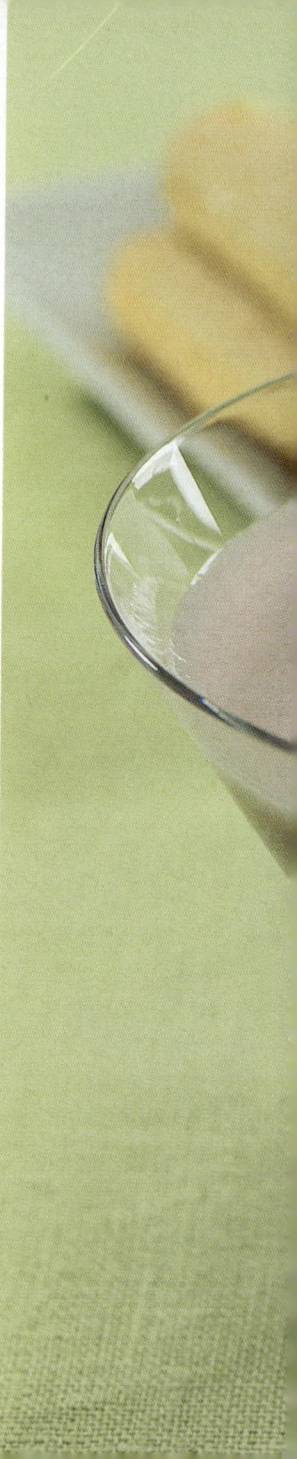

Ingredientes

- 16 fresones
- 4 dl de leche muy fría
- 4 bolas de helado de fresa
- 4 cucharadas de jarabe de fresa
- 4 cucharadas de hielo picado

Preparación

1. Lavar los fresones y limpiarlos. Reservar algunos para decorar y trocear el resto.
2. Colocarlos en el vaso de la batidora y añadir la leche, el helado, el jarabe y el hielo. Batir hasta conseguir una mezcla homogénea.
3. Verter el batido en 4 vasos altos o en copas y decorarlos con las fresas reservadas.

24

Helado con salsa de chocolate y café

Ingredientes

- 125 g de pasas
- 4 cucharadas de ron
- 200 g de chocolate fondant
- 1,5 dl de café
- 6 cucharadas de nata líquida
- 3 cucharadas de azúcar
- 4 bolas de helado de limón

Preparación

1. Lavar las pasas, colocarlas en una cacerola pequeña con el ron y llevar a ebullición. Retirar del fuego y reservar.
2. Trocear el chocolate y fundirlo al baño María con el café caliente. Fuera del fuego, añadir la nata y el azúcar y mezclar bien.
3. Distribuir el helado de limón en copas individuales y añadir las pasas.
4. Verter la salsa de chocolate y café sobre el helado y servir enseguida.

25

Helado de yogur y pistacho al Oporto

Ingredientes

- 8 bizcochos de soletilla
- 2 cucharadas de jarabe de grosella
- 4 cucharadas de Oporto
- 4 bolas de helado de yogur
- 4 bolas de helado de pistacho
- 50 g de pistachos pelados
- unas hojas de menta

Preparación

1. Trocear los bizcochos y distribuirlos en cuatro copas o bandejitas individuales.
2. Mezclar el jarabe de grosella con el Oporto y verterlo en las copas. Colocar encima bolas de los dos tipos de helado y espolvorear con los pistachos picados no muy finos. Decorar con hojas de menta y servir.

26 Peras con helado de avellana

Ingredientes

- 2 peras
- 1 limón
- 2 cucharadas de mantequilla
- 1 cucharada de azúcar
- 4 gofres
- 4 bolas de helado de avellana
- hojas de menta

Preparación

1. Lavar las peras y cortar cada una en 8 gajos a lo largo sin pelarlas; retirar el corazón y rociarlas con zumo de limón.
2. Calentar la mantequilla en una sartén antiadherente, añadir las peras, espolvorear con el azúcar y cocer durante 3 minutos. Darle la vuelta a los gajos con cuidado y cocer 2 minutos más.
3. Colocar los gofres en platos individuales y distribuir encima las peras en abanico y una bola de helado de avellana. Decorar con hojas de menta y servir.

27

Piña rellena

Ingredientes

- 1 piña fresca mediana o 2 pequeñas
- 250 g de fresones
- 2 cucharadas de azúcar
- 2 cucharadas de Oporto
- 1 cucharada de zumo de limón
- 4 bolas de helado de piña

Preparación

1. Cortar la piña por la mitad a lo largo, dividiendo también las hojas de la parte del penacho.
2. Retirar la pulpa sin dañar la cáscara, cortarla en trozos pequeños y colocarla en un bol.
3. Lavar los fresones, limpiarlos y trocearlos. Incorporarlos al bol con la piña. Espolvorear con el azúcar, verter el zumo de limón y el Oporto y dejar macerar en el frigorífico durante 15 minutos. Escurrir las frutas, reservando el jugo de la maceración de las frutas, y distribuirlas en las cáscaras de piña.
4. Colocar las bolas de helado encima y decorar con las fresas reservadas y trozos de piña. Hervir el jugo de la maceración de la fruta hasta que haya reducido a la mitad, dejarlo enfriar y verterlo por encima.

28 Helado de pistacho con salsa de fruta al ron

Ingredientes

- 100 g de azúcar
- 2 limones
- 3 cucharadas de ron
- 2 kiwis
- 2 plátanos
- 4 bolas de helado de pistacho

Preparación

1. En un cazo, introducir el azúcar y 2 dl de agua y cocer hasta que haya reducido a la mitad.
2. Añadir el zumo de los limones, el ron, los kiwis pelados y troceados y los plátanos pelados y cortados en rodajas. Cocer durante 3 minutos.
3. Colocar una bola de helado de pistacho en cada copa, verter la salsa de fruta por encima y servir.

29

Crêpes con helado de chocolate y café

Ingredientes

Pasta

- 160 g de harina
- 1 cucharada de azúcar
- 2 huevos
- 3,5 dl de leche
- 1 cucharada de mantequilla • sal

Relleno

- 4 bolas de helado de chocolate
- 4 bolas de helado de café
- 125 g de chocolate fondant
- 1 cucharada de brandy

Preparación

1. Mezclar los ingredientes de la pasta y dejarla reposar durante 30 minutos.
2. Verter un cacito de pasta en una sartén antiadherente untada con mantequilla, dorar la crêpe por un lado, darle la vuelta y dorarla por el otro lado. Preparar más crêpes del mismo modo hasta agotar la pasta.
3. Rellenar las crêpes con 2 bolas de helado de diferente sabor.
4. Derretir el chocolate al baño María con 1 cucharada de mantequilla. Retirar del fuego, añadir el brandy y mezclar bien. Verter la salsa sobre las crêpes, decorar, si se desea, con chocolate rallado y servir.

30 Frutas con helado de naranja

Ingredientes

- 2 peras
- 2 manzanas rojas
- 2 nectarinas
- 1 limón
- 1 ramita de canela
- 2 cucharadas de azúcar
- 4 bolas de helado de naranja
- unas hojas de menta

Preparación

1. Pelar las peras y cortarlas en gajos. Lavar las manzanas y cortarlas también en gajos sin pelarlas.
2. Lavar las nectarinas y cortarlas en daditos.
3. En un cazo, hervir 1,5 dl de agua con 3 trozos de corteza de limón, la ramita de canela y el azúcar durante 2 minutos. Regar las frutas con este almíbar y guardarlo en el frigorífico hasta que esté bien frío.
4. Distribuir las frutas en copas, añadir las bolas de helado y decorar con hojas de menta fresca.

postres con helado

EDIPRESSE ESPAÑA

Título: Postres con helado
Colección: Biblioteca Lecturas

Depósito legal: 221641-05
ISBN: 84-7183-756-0
Edita: EDIPRESSE HYMSA S.A.